Dʳ BERTHE GRIMPRET

Licencié ès-sciences

Ancienne Externe des Hôpitaux de Paris

Ancienne Interne
du Sanatorium d'Hendaye.

L'Influence du Tabac

Sur la Grossesse

et la Santé des Nourrissons

DES OUVRIÈRES DE LA MANUFACTURE DE LILLE

ÉTUDE D'HYGIÈNE SOCIALE

LILLE,
IMPRIMERIE L. DANEL
1906

BERTHE GRIMPRET

Licencié ès-sciences

cienne Externe des Hôpitaux de Paris

Ancienne Interne
du Sanatorium d'Hendaye.

L'Influence du Tabac
Sur la Grossesse
et la Santé des Nourrissons

DES OUVRIÈRES DE LA MANUFACTURE DE LILLE

ÉTUDE D'HYGIÈNE SOCIALE

LILLE,
IMPRIMERIE L. DANEL

1906

AU DOCTEUR

ET

A MADAME LANDOWSKI

———

A MES PROFESSEURS

DES FACULTÉS ET DES HOPITAUX DE PARIS ET DE LILLE

———

L'INFLUENCE DU TABAC

SUR

LA GROSSESSE ET LA SANTÉ DES NOURRISSONS

des Ouvrières de la Manufacture de Lille

ÉTUDE D'HYGIÈNE SOCIALE

I

LA NICOTINE. — SA TOXICITÉ. SON MODE D'ACTION.

Ce qui, pour le médecin comme pour le chimiste, caractérise surtout le tabac, c'est la présence de la nicotine, le plus important des principes immédiats qu'il contient.

Cette substance est un alcaloïde de la formule $C^{10}H^{14}Az^2$ qui peut avec les acides, former des sels cristallisables. C'est un liquide oléagineux. Incolore à l'état de pureté, il jaunit, brunit et s'épaissit peu à peu au contact de l'air dont il absorbe l'oxygène ; très soluble dans l'eau, l'alcool, l'éther et les huiles grasses.

Il bout à 250° à la pression atmosphérique, en subissant un commencement de décomposition ; à 100° il émet déjà des vapeurs épaisses, mais n'en dégage que d'insignifiantes à la température ordinaire. Ces vapeurs sont des plus irritantes.

Le taux de la nicotine dans le tabac varie de 1,15 à 9 %. Il oscille entre 2 et 3 % pour les produits fabriqués qui sont livrés au public français.

En raison de cette faible teneur en nicotine et du peu de volatilité de cette substance, le tabac brut et le tabac à fumer (qui n'est que du tabac brut salé et haché) ont très peu d'odeur. Seul, le tabac à priser qui est fermenté a une odeur plus forte, dans laquelle, d'ailleurs, l'ammoniaque et l'acide acétique ont une part importante.

Les expériences de Claude Bernard sur les substances toxiques ont montré que la nicotine est un poison qui, par la rapidité et l'intensité de son action ne peut être comparé qu'aux plus violents : l'acide prussique, l'atropine et l'aconitine.

Quelle que soit la voie par laquelle la nicotine pénètre dans l'organisme : injections hypodermiques, instillations dans l'œil, absorption par le canal intestinal, une ou deux gouttes de cette substance suffisent pour foudroyer des lapins, chats et chiens. Avec huit gouttes un cheval est tué en quelques minutes.

Son *action générale* est une excitation puissante du cerveau et de la moëlle.

Les premiers troubles se produisent dans le système musculaire : convulsions, tremblements, contractions irrégulières disséminées, puis période d'affaissement et de paralysie.

En ce qui concerne l'appareil circulatoire, les battements cardiaques sont accélérés (paralysie du pneumogastrique) ils deviennent irréguliers et finissent par s'arrêter lorsque le cœur est lui-même paralysé. La pression sanguine est élevée et ce phénomène est accompagné souvent de tétanos intestinal et de contractions utérines.

La respiration d'abord plus rapide, se ralentit. La mort est due à la paralysie du bulbe.

Le tableau clinique de cette intoxication aiguë ne peut, comme on le verra rentrer dans le cadre de notre étude. Disons seulement ce que produit l'absorption à doses moins élevées de la nicotine : céphalalgie avec pâleur de la face, nausées, vomissements, sensation de défaillance, douleurs épigastriques, diarrhée. Le front et les mains sont le siège de sueurs froides ; on remarque aussi une faiblesse considérable avec relâchement des muscles, de l'anxiété, des tendances syncopales l'affaiblissement de la vue, la confusion des idées et une diminution de la sensibilité tactile.

Ces manifestations disparaissent en général après quelques selles diarrhéiques.

Étant données, d'une part, l'action physiologique de la nicotine, d'autre part, sa présence dans les tabacs qui en contiennent, comme nous l'avons dit, de 1,5 à 9 % suivant leur provenance, il est naturel de se demander si cette nicotine, poison d'une énergie singulière, peut être absorbée par les ouvriers des manufactures,

II

VOIES POSSIBLES D'ABSORPTION DE LA NICOTINE PAR LES OUVRIÈRES.

Et d'abord, par quelles voies la nicotine pourrait-elle pénétrer dans l'organisme des ouvriers ?

Pour s'en rendre compte, il faut savoir dans quelles conditions ils se trouvent et quelles manipulations ils ont à effectuer.

Nous le rechercherons pour les ouvrières seulement, ayant limité notre étude à l'influence du tabac sur la grossesse et sur la mortalité des nourrissons.

Cigarières. — Le travail des cigarières ne paraît pas très fatigant. Elles sont dans des ateliers vastes, assez clairs, bien chauffés l'hiver, un peu près du toit pour l'été peut-être.

Assises devant une table sur laquelle s'étalent toutes leurs fournitures, elles confectionnent sans relâche leurs cigares. Quelques-unes, pour s'exciter au travail placent leur montre devant elles et s'imposent des tâches, car le salaire croît en même temps que le travail réalisé.

« — Je suis toujours en retard me disait l'une d'elles ; c'est que
» j'ai à la maison sept petites bouches à nourrir et une grande (son
» mari est infirme). »

Quelques-unes ne lèvent pas la tête de peur de perdre une minute. Aussi sommes-nous particulièrement reconnaissante à toutes ces travailleuses qui de très bonne grâce se sont prêtées à des interviews multipliées. Elles continuaient leur travail, il est vrai, mais il en était forcément ralenti.

Assise près d'elles, nous suivions, tout en les interrogeant, la confection rapide des cigares.

Sur une plaque de zinc recouvrant une partie de la table, elles étalent une feuille de tabac, la remplissent de débris et la roulent.

Dans une planche creusée de 20 demi-moules, elles placent cette ébauche ; une seconde planche portant le complément des moules vient recouvrir la première. On coupe les bouts qui dépassent.

Cela forme un bloc.

Cinq blocs font un jeu qui, mis sous presse, y reste jusqu'au lendemain. On en retire l'intérieur d'un cigare bien formé. Il n'y a plus maintenant qu'à lui mettre sa robe. C'est une feuille de tabac choisie que les ouvrières collent au moyen d'une petite pâte brune qui n'est que de la farine délayée dans un peu de jus de tabac.

Leurs doigts sont enduits de cette préparation qui, d'après les analyses que nous a fournies M. Gérard, contient 1,64 % de nicotine (1).

Le cigare séché est coupé à la longueur réglementaire au moyen d'une petite machine.

25 cigares constituent un paquet.

Les paquets vont à la vérification et les cigares reviennent à l'ouvrière s'ils ne répondent pas au poids et aux qualités exigés par l'administration.

Une ouvrière très habile peut rouler 2 k. 500 (2) de tabac par jour. A la manufacture deux seulement atteignent ce taux ; beaucoup en font 2 k. (3), la plupart 1 k. 500 (4).

Pour arriver à ce résultat, il faut les doigts agiles et un travail soutenu. Mais malgré tout, l'impression est agréable.

Paqueteuses. — Chez les paqueteuses, au contraire, on a la sensation de fièvre, de fatigue, d'affolement.

Ici, pas un instant de répit, les 55 machines toujours en marche font entendre le bruit sec du levier qu'on déclanche, des plateaux en fer qui buttent contre un corps dur ; les ouvrières groupées par trois font simultanément leur besogne avec une rapidité de mouvements, une vivacité que rien n'arrête.

Aller vite, toujours plus vite, se surpasser et surpasser les voisines, on sent que c'est là l'objectif. L'organisation même de leur travail

---

(1) Quantité calculée en alcaloïde libre.
(2) Ce qui correspond à un salaire de 8 fr. 25 par jour.
(3)   id.   6 fr. 60   id.
(4)   id.   4 fr. 95   id.

explique cette effrayante activité. Il ne faut pas se faire attendre. Une ouvrière assise derrière la machine pèse le tabac d'une main si experte que le poids tombe presqu'à coup sûr dans la boîte à 2 compartiments qui forme l'un des plateaux de la balance. Pendant ce temps, une autre ouvrière, debout à gauche de la machine place sur deux formes carrées et creuses les papiers qui doivent recevoir le tabac, les ferme pour former le fond, y colle une bande à la marque de la manufacture, les pose près d'elle. En hâte, ils sont saisis par la troisième ouvrière qui, debout devant la machine, les retourne dans deux boîtes ayant la dimension exacte d'un paquet. La boîte à deux compartiments lancée par la peseuse vient s'adapter exactement à l'ouverture des moules; une plaque tournante vivement maniée en supprime le fond, et le tabac pressé par deux mains agiles pénètre dans les paquets.

Vite, l'ouvrière attire deux marteaux en bois carrés suspendus à la machine, elle manœuvre un levier, les paquets vont à la rencontre des marteaux, le tabac s'entasse. Les moules, inutiles à présent, sont pour ainsi dire jetés sur la table. L'ouvrière ferme ses deux paquets, les enlève chacun d'une main et, les appuyant sur elle, achève de coller les bandes.

Les paquets posés, deux nouvelles formes préparées sont reprises et le cycle recommence.

Les ouvrières arrivent à faire par machine de 4.000 à 4.300 paquets par jour en ne travaillant guère plus de huit heures.

Ici, il n'y a pas de colle à la nicotine, mais une poussière de tabac voltige dans tout l'atelier.

Époulardeuses. Écoteuses. — A l'époulardage, il y a au contraire une intense production de poussières irritantes, tout au moins pour les gens qui n'ont pas l'habitude de les respirer. C'est là qu'on défait les manoques.

Ce sont les paquets de feuilles de tabac fortement comprimés tels qu'ils sont expédiés à la Manufacture. On sépare les feuilles, on les trie, on met à part les plus belles. Ces feuilles vont au mouillage, puis reviennent à l'atelier pour l'écotage : enlèvement des côtes. Ce travail se fait assis, il ne produit pas de poussières, mais les ouvrières sont en contact prolongé avec la plante.

Robeuses. Étaleuses. — Les feuilles mises à part dans le triage des manoques vont au mouillage, puis sont transportées chez les étaleuses et les robeuses.

Ces ouvrières, assises devant une table, tournées à demi, étendent sur leur genou gauche un peu élevé de larges feuilles dont elles ont enlevé la nervure médiane, ne conservant que la partie mince ou membraneuse. Elles font un tas de 25, le portent sous presse entre deux lames. Le lendemain, les robeuses coupent à la taille voulue les feuilles pressées, qui s'en vont ainsi préparées chez les cigarières.

Là, pas de poussière, peu d'odeur, mais encore contact incessant avec la plante.

Capseuses. — Le travail des capseuses ressemble à celui des époulardeuses ; c'est la séparation du tabac mouillé destiné au hachage.

Nous passons sous silence les ouvrières accomplissant des travaux de détail : Vérificatrices, receveuses, balayeuses, timbreuses, etc. ; le nom suffit à indiquer la fonction. Du reste, les opérations sur lesquelles nous avons insisté sont les seules importantes à connaître et ce sont elles qui peuvent exercer une action sur la santé.

En résumé, on voit que, si elle est réelle, l'absorption peut se faire :

1º Par le tube digestif, malgré la minime quantité de nicotine qui se trouve dans la colle. Les doigts des cigarières en sont en effet imprégnés et nous avons vu ces femmes prendre tranquillement leur goûter sans se laver les mains.

2º Par les voies respiratoires: *poussières* chez les paqueteuses, les époulardeuses et écoteuses, même chez les cigarières qui manipulent sans cesse le tabac ; ou *vapeurs* qui émanent continuellement des tabacs en fermentation et qui remplissent la manufacture d'une odeur intense.

3º Par le contact direct du tabac sur la peau. Cette dernière voie d'absorption signalée par Poisson avec citation d'un exemple de Tardieu : empoisonnement par application directe de feuilles de tabac, est discutable. — Il est possible que dans le cas cité l'épiderme ait été enlevé. Pour beaucoup de physiologistes la peau intacte ne peut pas être une voie d'absorption.

III

ÉTUDES ANTÉRIEURES

**Conclusions formulées. — Leur divergence.
Insuffisance des statistiques.**

Donc la nicotine, produit éminemment toxique et l'un des principes immédiats du tabac, peut être absorbée par les ouvrières des manufactures.

L'est-elle effectivement, et si oui, l'est-elle en quantité suffisante pour amener chez ces ouvrières une intoxication professionnelle analogue par exemple au saturnisme, qui sévit chez les travailleurs ayant à manier certains composés de plomb ?

Cette question a fait l'objet d'un grand nombre d'études. La plupart des auteurs l'ont envisagée à un point de vue plus général, en recherchant l'influence du tabac sur la santé des ouvriers. Et leurs conclusions sont loin d'être concordantes. Pour les uns, cette influence est désastreuse (1), pour d'autres elle est nulle (2), pour d'autres enfin elle est bienfaisante (3).

En ce qui concerne la solution du problème plus restreint que nous nous sommes posé ; — encore que personne n'attribue ici à la nicotine une action bienfaisante, — l'accord n'est pas plus parfait, et il ne paraît pas en voie de se réaliser sur des conclusions bien nettes à mesure que s'accumulent les observations.

Dans un rapport sur la santé des ouvriers employés dans les Manufactures de Tabac lu à l'Académie royale de Médecine,

---

(1) Ramazzini (1882).
(2) Parent-Duchâtelet et Darut (1824).
(3) Vicomte Siméon (1842), **Mélier** (1845), Ruef (1845).

séance du 22 avril 1845, le docteur *F. Mélier* ne s'occupe nullement du cas particulier des ouvrières enceintes. Il cite seulement un fait observé par M. Stolz qui se trouve consigné dans le mémoire de Ruef et qui apporterait une preuve en faveur de l'absorption : « une
» femme vint faire ses couches à la clinique de Strabourg ; les eaux
» de l'amnios lentement évacuées laissaient exhaler une odeur parti-
» culière forte et pénétrante de tabac en fermentation, on ne savait à
» quoi l'attribuer ; la femme interrogée déclara alors qu'elle était
» ouvrière dans un magasin de tabac et tout fut expliqué : c'était
» l'odeur de cette substance que l'on sentait ; elle avait pénétré dans
» les eaux de l'amnios. »

Mais lors de la discussion du rapport, M. Villeneuve fit remarquer combien est invraisemblable le fait cité que chez une femme en couches les eaux de l'amnios auraient dégagé une odeur de tabac, étant donné qu'on ne peut trouver aucune trace de tabac dans les urines.

D'après *Kostial* (les ouvriers de la fabrique de cigares d'Iglau-Wochenblatt der K K Gesellschafft der Aerzte in Wien 1868) sur 506 enfants que 1.947 ouvrières d'Iglau eurent dans une période de 3 ans, 206 sont morts, dont 181 pendant la première année et le plus grand nombre dans les premiers mois, au moment où celles qui allaitaient reprirent leurs travaux. Il croit à la nicotinisation du lait.

La plupart des opinions dont le compte rendu va suivre ont été exprimées lors de la discussion instituée en 1879-1880 par la Société de médecine publique sur l'influence du tabac. (*Revue d'hygiène professionnelle*).

M. le docteur *Delaunay* a donné les résultats d'une enquête faite *chez plusieurs sages-femmes* du quartier du Gros-Caillou, qui assistaient beaucoup d'ouvrières de la manufacture de tabac de la rue Jean Nicot.

D'après la première, le tabac a la réputation de provoquer des fausses couches persistantes. Cette opinion est tellement accréditée dans la manufacture que quelques ouvrières qui peuvent suspendre leur travail cessent d'aller à l'atelier dès qu'elles deviennent enceintes. La sage-femme en question a soigné trois femmes qui faisaient des fausses couches, quand elles étaient à la manufacture et qui n'en font plus depuis qu'elles l'ont quittée. L'une de ces ouvrières qui avait déjà fait deux avortements, étant devenue enceinte pour la troisième fois, a cessé de fréquenter l'atelier au cinquième mois de sa grossesse : l'enfant est venu à terme, mais est mort peu de temps après sa naissance. La même femme ayant changé de profession a eu depuis un quatrième enfant qui est très bien portant.

Deux sages-femmes du bureau de bienfaisance du même quartier lui ont déclaré que les enfants des ouvrières en tabac ne s'élèvent pas bien et meurent en grand nombre ; mêmes renseignements lui ont été donnés à la crèche.

Les sages-femmes interviewées ont encore déclaré que les grossesses sont difficiles, que les enfants ont les fesses rouges en naissant. — D'après elles l'action de la nicotine s'étendrait plus loin. Le tabac tarit le lait des nourrices qui est clair et moins riche qu'à l'état normal ; les enfants, mal nourris, meurent plus que les autres enfants.

En résumé, d'après le docteur Delaunay, la manipulation du tabac a une action désastreuse sur la santé des femmes enceintes, elle provoque des fausses couches, fait que les enfants naissent malades, diminue la quantité et la qualité du lait, nuit au développement du nouveau-né qui, souvent, meurt victime de la profession maternelle.

De son côté, M. le Docteur Decaisne (Revue d'hygiène 1880) a indiqué qu'en recherchant la cause des fausses couches soignées au service d'accouchements de la Charité, il a bien des fois constaté qu'il s'agissait d'ouvrières de la Manufacture des tabacs du Gros-Caillou.

D'après M. Goyard (Revue d'hygiène 1880) « on ne saurait méconnaître que la plupart des ouvrières sont plus ou moins influencées pendant leurs grossesses par les émanations toxiques qu'elles respirent. Il y en a qui ne parviennent jamais à mettre au monde un enfant vivant ». Et les nouveau-nés présentent tous sans exception, mais à des degrés divers, des signes qui les différencient aisément de la majorité des autres enfants : « Ils sont chétifs, d'une pâleur blême, irritables, difficiles à élever. Dans les épidémies, ce sont les premiers frappés, ils supportent très mal les épreuves de la dentition, ils sont sujets plus que les autres à contracter les maladies de leur âge, et, une fois atteints, ils n'offrent aucune résistance ; et l'on peut attribuer à la grande dépression de leur système nerveux la fréquence des convulsions soit idiopathiques soit symptomatiques qui les atteignent. Ils meurent en grand nombre ».

M. *Quinquand*, médecin des hôpitaux (*Revue d'hygiène 1880*) a constaté que les ouvrières de la Manufacture de Tabac de la rue Jean-Nicot sont sujettes aux fausses couches. Il a cité l'observation d'une femme qui a fait trois fausses couches pendant son séjour à la Manufacture et qui, depuis qu'elle est sortie de cet établissement, a eu trois enfants, tous bien portants.

Il a remarqué que les enfants des « tabatières » sont maigres, qu'il ont, après chaque tétée, des coliques et même des petits accidents nerveux. Les mères des enfants qui sont soignés à la crèche de la rue de Grenelle, St-Germain, et les gardiennes de la même crèche sont unanimes à dire qu'après avoir tété, les enfants ont des coliques. De plus, leurs selles sont couleur vert-de-gris. A la Manufacture de la rue Jean-Nicot, il est de notoriété que « le tabac ôte le lait » et que « les tabatières ont moins de lait que les autres femmes ».

Au dire des sœurs de la crèche de Bercy, les enfants des « tabatières » que leurs mères viennent allaiter à midi, ne s'endorment pas après la tétée comme les autres enfants et ont des coliques et même de petites convulsions.

Dans un mémoire sur le nicotisme professionnel lu au Congrès International de Turin (1880) *le Docteur Jacquemart*, de Paris, dit avoir trouvé une moyenne de 45 avortements sur 100 grossesses relevées chez des ouvrières du tabac. Et il a constaté que les enfants nourris par leur mère présentaient une mortalité de 10 % plus élevée que ceux nourris au biberon.

Dans les Annales d'hygiène publique et de Médecine légale de 1897, le docteur *G. Etienne* a publié sur la mortalité infantile dans les familles des ouvrières à la Manufacture de tabac de Nancy une étude peu fournie en observations, puisqu'elle ne porte que sur 17 familles (1) et 93 grossesses, mais qui, très détaillée quant aux observations rapportées peut utilement servir d'exemple parce que l'auteur a cherché à dégager, avec l'exactitude la plus rigoureuse possible, les facteurs suivants :

---

(1) Dont les enfants étaient admis à la crèche de la rue Sellier.

Temps pendant lequel l'enfant a été nourri :
Exclusivement au sein maternel *avant* la rentrée de la mère (1),
      id.   *après*   id.
         id.   *avant* la rentrée, puis exclusivement au biberon ensuite.

Simultanément au sein et au biberon *après* la rentrée.

Simultanément ou successivement, au sein maternel, au sein mercenaire ou au biberon.

Au biberon dans sa famille, à la crèche ou chez des étrangers.

Il étudie alors les catégories suivantes :

I. *Enfants mort-nés*. — Sur les 93 grossesses, 8 se répartissant entre 5 femmes sur les 17 parturientes. Ces 5 femmes représentent 29 % du groupe.

Dans une statistique démographique antérieure pour la population de Nancy, M. Etienne avait trouvé 33 %. Il conclut que l'action du tabac ne semble pas agir d'une façon appréciable sur l'évolution même de la grossesse.

II. *Enfants nourris exclusivement au sein, la mère ne rentrant pas à la manufacture*. — Deux enfants bien portants.

III. *Enfants nourris exclusivement au sein maternel, même après la rentrée de la mère*. — Huit enfants qui tous ont succombé, entre le premier et le seizième mois, et parmi eux six dans les six premiers mois.

IV. *Enfants nourris exclusivement au sein, puis exclusivement au biberon*. — Treize enfants répartis en deux groupes :

1° Enfants nourris exclusivement au sein jusqu'à la rentrée de la mère, puis exclusivement au biberon.

Neuf enfants dont sept ont survécu ; deux ont succombé, l'un à 6 mois n'ayant eu le sein que pendant 3 semaines ; l'autre à cinq mois après avoir été à la mamelle pendant 1 mois.

2° Enfants nourris exclusivement au sein, même après la rentrée de la mère, puis exclusivement au biberon.

Quatre enfants dont 3 ont succombé. L'enfant qui a survécu a eu

---

(1) A la manufacture.

le lait maternel pendant un mois avant la rentrée, puis 5 mois après.

V. *Enfants nourris exclusivement au sein maternel jusqu'à la rentrée de la mère, puis ensuite simultanément au sein et au biberon.* — Cette méthode mixte donne des résultats assez favorables. Sur 34 enfants observés, 6 enfants sont morts, soit une proportion de moins de 1/6.

VI. *Enfants nourris au sein maternel, au biberon et au sein mercenaire..* — Un seul enfant élevé exclusivement au sein maternel un mois avant la rentrée, un mois après, — puis mis au biberon pendant un mois — puis chez une nourrice pendant 5 mois. Succombe à huit mois, par suite d'entérite.

VII. *Enfants élevés exclusivement au biberon* :

a) *Dans leur famille ou à la crèche.* — Sur 13 enfants, 4 seulement sont morts ; soit moins de 33 %. proportion relativement très favorable remarque « M. Etienne, l'élevage à sec étant habituel-
» lement désastreux dans la population ouvrière ; cette statistique
» est donc bien faite pour montrer avec quels soins sont élevés les
» enfants du groupe de familles auquel je me suis adressé ; elle
» permettra d'attribuer à l'influence nocive du tabac la mortalité
» exceptionnelle observée chez les enfants des ouvrières employées
» à la manufacture. »

b) *Chez les gardiennes étrangères.* — Sur cinq enfants, trois ont succombé soit 60 % ; proportion presque complémentaire de la précédente.

VIII. *Mortalité générale des enfants issus des ouvrières de tabac.* — A l'époque où sont arrêtées les recherches, c'est-à-dire vers la fin de la deuxième année, 39 décès sur 93 naissances, c'est-à-dire 42 %. En retranchant les mort-nés, 31 décès, soit 37 %.

Or, d'après une statistique générale faite par le même auteur pour l'ensemble de la population ouvrière de Nancy, on trouve dans les deux premières années une mortalité moyenne de 17 %.

Les causes de la mort sont indiquées, sans chiffres précis, comme ayant été en général la cholérine et les convulsions.

Les conclusions du docteur Etienne sont les suivantes :

« 1. La profession d'ouvrière aux tabacs ne paraît pas dans l'ensemble des cas avoir une influence très considérable sur l'évolution même de la grossesse.

» 2. La mortalité des enfants des ouvrières aux tabacs est supérieure au double de la mortalité infantile dans l'ensemble de la population ouvrière. Le pronostic est effrayant (mortalité 8/8) pour les nourrissons qui continuent à être allaités au sein maternel lorsque la mère est rentrée à la manufacture.

» Au contraire, il est très favorable pour ceux qui sont élevés au sein lorsque la mère a repris son travail.

» 3. La mortalité est notablement moindre chez les enfants nourris au sein maternel jusqu'au moment de la rentrée de la mère, puis à partir de ce moment, élevés simultanément au sein maternel et « au biberon, ou au biberon exclusif ».

Résumant les études faites avant lui, M. *le docteur Jaucent* qui, d'ailleurs, n'a pas personnellement enquêté sur la matière, déclare dans sa thèse de 1900 sur le tabac : *Étude historique et pathologique*, que :

« ... il est maintenant prouvé par des statistiques sérieuses qu'il y a danger de mort pour l'enfant que sa mère continue à allaiter lorsqu'elle a repris son travail ».

Plus récemment encore dans une communication au *Marseille Médical* reproduite par la *Revue Française de Médecine et de Chirurgie*, le 11 décembre 1905, M. Jean Livon résume ainsi trois observations de multiples grossesses chez des ouvrières employées à la manufacture des tabacs :

« La femme, qui fait le sujet de la première observation, a eu 14 grossesses, 7 avant d'entrer à la manufacture des tabacs, toutes d'un même père bien portant.

» Sur les 7 premières grossesses, nous avons : 4 accouchements à terme ; 1 accouchement près du terme (grossesse gémellaire) ; 1 accouchement prématuré à 6 mois (violente émotion causée dans le courant de la journée) ; 1 avortement à 4 mois et demi (peur d'un varioleux et variole chez un de ses enfants).

» Sur ces 7 grossesses, il y eut 6 enfants vivants à la naissance ; mais, sur ces 6 enfants, un seul est, à l'heure actuelle, encore vivant.

» Un est mort à 36 mois d'entérite et de méningite (?)

» Les deux enfants de la grossesse gémellaire sont morts huit à quinze jours après leur naissance.

» Une fillette est morte à 5 ans d'une broncho-pneumonie, suite d'une rougeole.

» Un garçon est mort à 5 mois des suites d'une ophtalmie (?).

» Les 7 autres grossesses qui commencent la deuxième partie de l'observation et la deuxième phase de l'existence de cette femme coïncidant avec sa rentrée à la manufacture des tabacs sont 7 avortements : 2 à deux mois et demi environ ; 1 à 3 mois ; 3 à 4 mois ; 1 à 6 mois.

» Ma deuxième observation est relative à une autre cigarière qui a eu 10 grossesses avec 10 avortements ou accouchements prématurés, tous depuis sa rentrée à l'atelier : 1 avortement à 2 mois ; 2 à 3 mois ; 3 à 4 mois ; 2 à 5 mois ; 2 à 6 mois.

» La troisième observation que je vous apporte est plus intéressante à ce point de vue que, depuis sa sortie de la manufacture des tabacs, cette femme a mené près du terme à terme ses grossesses. Pendant qu'elle était employée à la manufacture, nous avons relevé dans son passé obstétrical : 1 avortement à 2 mois et demi environ ; 2 à 3 mois ; 2 à 5 mois.

» Elle quitte la manufacture, fait un accouchement prématuré à 6 mois et demi environ, puis un autre accouchement avant terme, à 8 mois, d'un enfant vivant, qui meurt au sein d'une nourrice mercenaire, en juillet.

» Elle n'a plus de grossesses depuis un an, lorsqu'elle redevient enceinte et mène à terme, cette fois, cette grossesse. Elle accouche normalement d'un enfant vivant qui, je l'espère, prospérera. »

Telles sont brièvement résumées les conclusions des auteurs attribuant nettement au tabac une action nocive sur la grossesse et sur la santé des nouveau-nés des ouvrières des Manufactures de Tabac.

D'autres sont beaucoup moins affirmatifs ou même d'un avis diamétralement opposé.

A la suite de la discussion soulevée en 1879 à la Société de médecine publique et d'hygiène professionnelle par MM. les docteurs Decaisne, Delaunay, Goyard, Thévenot, etc. sur les accidents que le tabac pourrait produire sur les ouvrières des Manufactures, sur la fréquence des avortements, la léthalité de leurs nourissons, etc... l'administration des Tabacs de la ville de Lyon s'émut des assertions qui avaient été formulées et elle invita le Dr *Ygonin,* médecin depuis quarante-cinq ans de la Manufacture des Tabacs à lui adresser un rapport sur ces questions. M. Ygonin fit porter plus spécialement son examen sur 190 ouvrières dont il rédigea toutes les observations.

Ces ouvrières, d'après leur temps de séjour dans l'établissement, sont ainsi réparties :

de 1 à 10 ans	78
de 10 à 20 ans	35
de 20 à 30 ans	49
de 30 à 40 ans	28
	190

et elles ont fourni le nombre d'accouchements suivant :

Femmes ayant eu de 1 à 11 enfants à terme	163
Avortements accidentels de 2 à 7 mois	17
Femmes n'ayant jamais eu d'enfants	10
	190

Dans les 17 cas d'avortement, le Dr Ygonin a toujours pu expliquer l'accident par des causes naturelles ou communes, efforts, indigestions, émotions violentes, etc...

Les conclusions du mémoire de M. Ygonin sont complètement optimistes : on ne pourrait imputer au tabac aucune influence nocive, soit sur les ouvrières, soit sur les enfants qu'elles allaitent.

Au cours de son travail, M. Ygonin fait de longues citations d'un travail de M. le Dr Lebail, du Mans, médecin de la Manufacture de cette ville. M. Lebail dit que ses conseils et ses soins ont été fréquemment réclamés à la Manufacture contre des troubles menstruels, des congestions et de véritables hémorrhagies utérines ; « cette tendance à la congestion utérine lui a *paru parfois* très réelle et non douteuse ». Mais il ne croit pas qu'elle apporte quelque perturbation dans la marche régulière et l'évolution normale de la grossesse chez ces ouvrières.

Depuis le temps que M. Lebail était à la tête de la Maternité et de la Crèche à l'hôpital du Mans, il s'était convaincu que chez la plupart des ouvrières la grossesse n'avait été nullement troublée et que l'accouchement se faisait à terme, et de même que leurs nouveau-nés ne sont pas plus exposés que d'autres aux accidents de la première enfance.

En 1881, *M. le docteur Poisson*, de Nantes, a publié dans les Annales d'Hygiène publique et de Médecine légale une note pour servir à l'étude de la santé des ouvrières dans les Manufactures de tabacs. Il y a consigné les résultats d'une expérience de quelques années, acquise comme médecin d'une société de secours mutuels comprenant six cents ouvrières de la Manufacture des Tabacs de Nantes.

Ses constatations statistiques portent sur 68 ouvrières mariées.

Il a relevé pour elles, 11 fausses couches dont 4 seulement ont une cause difficile à déterminer, et cette proportion lui paraît rentrer dans le cadre ordinaire.

En ce qui concerne les enfants, il n'apporte point de chiffres, mais ayant bien souvent visité les enfants à la crèche et à l'asile de la Manufacture, chez leurs parents et dans son cabinet, il n'a jamais été frappé de ce qu'ils fussent plus exposés que d'autres aux maladies, qu'elles eussent chez eux une gravité spéciale et que la mortalité y fut plus grande. Et il conclut :

« La préparation du tabac n'a aucune influence sur les fausses
» couches, les suites de couches et les pertes utérines post partum,
» les maladies et la mortalité des enfants ».

Dans un numéro de la *Revue d'Hygiène et de Police sanitaire* de 1881, le *docteur Piasecki*, médecin de la manufacture des tabacs du Havre, a étudié l'influence du tabac : 1°) sur la menstruation ; 2°) sur la grossesse ; 3°) sur la santé des nouveau-nés.

A ces deux derniers points de vue, il n'a questionné que les ouvrières mariées, au nombre de 188.

Et voici le résumé de la statistique qu'il a pu établir.

Sur 188 ouvrières, il en a relevé 28 ayant eu des fausses couches au nombre de 47. Chez 11 ouvrières seulement ces accidents se sont répétés, chez les autres ils ont été simples.

Ils se sont produits : 8 à 2 mois et 2 m. 1/2.
10 à 3 mois et 3 m. 1/2.
5 à 4 mois.
4 à 5 mois.
2 à 6 mois.
9 à 7 mois.
9 à 8 mois.

Les causes probables sont :

    1°) Sans cause appréciable.................. 35

    2°) Chutes................................. 6

    3°) Emotions vives, frayeurs ou fatigues .. 6

Lors de l'étude de M. Piasecki, ces 188 ouvrières avaient eu, pendant leur séjour à la manufacture, 376 enfants, soit une moyenne de 2,9 enfants par ouvrière mariée féconde (48 ouvrières n'ayant pas eu d'enfants).

De ces 376 enfants :

              153 étaient vivants.

           223 — morts.

Les causes de la mort ont été les suivantes :

1° *Maladies des Intestins.*

a) Choléra infantile.......... 8 { 7 de 0 à 1 an. / 1 de 1 à 2 ans. } { 3 nourris au sein. / 5 — au biberon. }

b) Gastro-entérite ou diarrhée.. 94 { 78 de 0 à 1 an. / 14 de 1 à 2 ans. / 2 au-dess. de 2 ans } { 16 nourris au sein. / 78 — au biberon. }

2° *Affections des voies respiratoires.*

a) Bronchite, Broncho-pneumonie .... 15 { 8 de 0 à 1 an. / 4 de 1 à 2 ans. / 3 au-dess. de 2 ans } { 9 nourris au sein. / 2 — au biberon. }

b) Coqueluche .... 2 | 2 au-dess. de 2 ans

3° *Affections du cerveau.*

Méningite, Convulsions........ 55 { 45 de 0 à 1 an. / 7 de 1 à 2 ans. / 5 au-dess. de 2 ans } { 34 nourris au sein. / 24 — au biberon. }

4° *Fièvres éruptives.*

a) Rougeole .... 6 { 2 de 0 à 1 an. / 1 de 1 à 2 ans. / 3 au-dess. de 2 ans } { 4 nourris au sein. / 2 — au biberon. }

b) Variole .... 5 { 4 de 0 à 1 an. / 1 de 1 an à 2 ans. } { 3 nourris au sein. / 2 — au biberon. }

5° *Maladies générales.*

Faiblesse congénitale, Athrepsie 12 } 12 de 0 à 1 an.

6° *Maladies infectieuses.*

Croup,..................... 10 { 3 de 0 à 1 an. } 6 nourris au sein.
{ 3 de 1 an à 2 ans. } 4 — au biberon·
{ 4 au-dess. de 2 ans }

7° *Morts-nés par suite d'accouchements laborieux ou vicieux :* 14 décès.

8° *Morts par accidents* : 2 décès.

En terminant, M. Piasecki spécifie qu'il ne considère les résultats qu'il a obtenus que comme la partie d'un tout qui est la somme des recherches faites par les autres médecins des Manufactures de tabac et il formule les conclusions suivantes concernant la grossesse et les nouveau-nés.

....

« 3°) Le tabac n'a pas d'influence sur la grossesse ;

» 4°) Les fausses couches ne sont pas plus nombreuses chez les
» ouvrières des manufactures de tabacs du Havre que chez les
» femmes de la ville.

» Elles affectent principalement les cigarières, c'est-à-dire les
» ouvrières qui ont un travail sédentaire ;

» 5° La mortalité chez les nouveau-nés a été considérable (223
» décès sur 376 naissances), *mais il faut en chercher la cause*
» *ailleurs que dans l'influence du tabac :* logements insalubres,
» encombrement, précautions hygiéniques nulles ou insuffisantes,
» alimentation vicieuse, etc...

» Le résultat de la mauvaise alimentation est surtout évident
» pour ce qui concerne les affections intestinales qui, à elles seules,
» ont amené près de la moitié des décès (102 sur 223). Il suffirait
» pour autoriser à conclure que *l'élevage au biberon doit être*
» *condamné,* et que, s'il réussit parfois, c'est à condition que le lait
« employé soit de bonne qualité. »

— M. *le Docteur Joire,* médecin de la Manufacture de Lille, a traité dans lesAnnales d'Hygiène et de Médecine légale ; Troisième série, Tome VII, 1882, de l'influence des émanations du tabac sur la santé des ouvriers dans les manufactures.

Ce travail a été entrepris dans les mêmes conditions que celui du Dr Ygonin à la suite des discussions soulevées au sein de la Société de médecine publique et d'hygiène professionnelle. Les observations portent sur l'année 1880.

1° *Grossesse.* — Le nombre de grossesses constatées a été de 73, dont 59 se sont terminées dans l'année : 56 accouchements normaux.

1 Avortement à 2 mois 1/2 chez une femme de constitution débilitée et anémique.

1 Avortement à 5 mois, consécutif à une métrorrhagie et à un excès de fatigue.

1 Accouchement prématuré à 7 mois, consécutif à une chute. L'enfant était vivant et a pu être allaité par sa mère.

Le docteur Joire a, en outre, recueilli des renseignements sur trente cas de grossesses intervenues chez des ouvrières travaillant depuis longtemps à la manufacture.

Là encore, il n'a relevé aucun accident dont on puisse rendre responsables le tabac et la nature des travaux.

2° *Santé des nouveau-nés.* L'allaitement normal a eu lieu dans 61 cas ; dans les autres il n'a pu être continué, soit à cause d'abcès au sein, soit à cause de la résidence éloignée. Rien n'a été constaté qui confirme les allégations relatives à la fréquence des convulsions et autres accidents cérébraux déterminés chez les nouveau-nés par l'influence du tabac.

« De ces diverses imputations, dit M. le Dr Joire, il n'en reste donc
» aucune dont on puisse rendre sérieusement responsable le travail
» de la Manufacture ».

Dans le *Mémorial des Manufactures de l'État* d'avril 1903, M. le Dr *Audigé*, médecin de la Manufacture de Paris a inséré une note de l'Influence du tabac sur la santé des ouvrières dans les Manufactures.

Sans détailler les observations qu'il a faites, il se borne à affirmer la conviction qu'il s'est formée que chez les ouvrières, les troubles divers de la grossesse et les avortements n'étaient pas plus fréquents que chez les ouvrières employées dans les ateliers de couture et autres ; que les pertes utérines consécutives à l'accouchement étaient tout-à-fait rares, et qu'en un mot les suites de couches n'étaient pas plus mauvaises que dans les autres milieux ouvriers. Sans être aussi affirmatif quant à la mortalité des enfants, il signale qu'ayant visité fréquemment les crèches et les asiles du quartier, jamais son attention n'a été éveillée par ce fait que les enfants des ouvrières du tabac fussent plus enclins que d'autres à des maladies ni que ces maladies eussent, chez eux, un caractère plus grave qu'ailleurs. Il a vu, du reste, souvent des enfants nourris par leur mère et bien portants, bien que celles-ci n'eussent pas cessé pendant la durée de l'allaitement leur travail à la Manufacture.

Notons, en passant, la conclusion du Dr Audigé que l'atmosphère des Manufactures ne préserve ni des maladies épidémiques, ni de la phtisie.

Ainsi donc, d'après les uns, la disposition aux avortements, la débilité congénitale des nouveau-nés, la mauvaise qualité du lait serait le lot qu'infailliblement apporterait aux cigarières la maternité ; d'après les autres, le tabac est innocent comme les enfants qu'il n'empêche nullement de naître et de prospérer et « même » il est plutôt de nature à intervenir comme élément préventif de certaines maladies et notamment des affections épidémiques.

C'est à l'opinion exprimée par les auteurs de la deuxième catégorie que se range M. Poincaré, dans son traité d'hygiène industrielle paru en 1886.

« Il ressort de là que l'intérêt démographique d'une nation n'exige
» nullement que les femmes soient exclues du travail dans les manu-
» factures de tabac ».

Si on examine d'un peu près les travaux publiés sur la matière qui nous occupe, on est frappé tout d'abord du caractère d'insuffisance que présentent en général les statistiques, surtout, il faut le reconnaître, de celles qui ont servi de base aux conclusions des détracteurs du tabac. On remarque aussi l'indigence des travaux en observations directes, précises et suffisamment étendues qu'il serait nécessaire d'ailleurs de rapprocher de constatations plus générales sur la fréquence de l'avortement chez les femmes pauvres, et notamment chez les ouvrières de la plupart des grandes industries. Il faudrait faire porter encore ces constatations sur l'insuffisance de la lactation et sur la mortalité des nouveau-nés.

Ce n'est évidemment pas avec quelques observations qu'on établira des pourcentages ayant quelques chances de serrer de près la réalité et on ne peut, sans risquer de s'éloigner par trop de la vérité, remplacer les observations directes par des interrogatoires de sages-femmes.

M. Etienne qui, contre le tabac, dresse un énergique réquisitoire est de ceux qui l'ont le mieux étayé. Encore n'a-t-il étudié que 93 grossesses survenues dans 17 familles, et comme les cas doivent forcément être subdivisés en catégories, il arrive que certaines d'entre elles ne renferment que très peu d'observations.

N'est-ce pas à ce petit nombre plutôt qu'à la nature des choses qu'il faut attribuer le paradoxe que renferment ses conclusions, relativement à la différence très grande qu'il a observée, quant à la mortalité des nouveau-nés, entre les deux cas : 1° d'allaitement exclusivement au sein maternel continué après la rentrée à la manufacture et 2° d'allaitement au sein maternel et au biberon après cette rentrée. Il semble que si le tabac est susceptible de compromettre la bonne qualité du lait de la mère, ce n'est pas l'usage du biberon qui pourra contrebalancer ce néfaste résultat.

D'ailleurs en matière de statistique, 8 sur 8 n'est pas égal à 100 sur 100, et risquer une appréciation après avoir étudié la grossesse de trois femmes est, à coup sûr, téméraire.

Les statistiques les plus complètes ont été fournies par les défenseurs du tabac notamment MM. Ygonin, Piasecki, Poisson. Il est juste de noter que sauf Poisson (1), tous sont médecins de manufactures, ce qui, d'une part, donne plus de valeur à leurs renseignements puisés aux sources mêmes, mais d'autre part, sans que soit mise le moins du monde en doute leur impartialité, permet de supposer qu'ils étaient enclins à la bienveillance.

De toutes les statistiques qui présentent quelque étendue (2), (Étienne, Ygonin, Piasecki) nous avons cru devoir reproduire sinon tous les détails, au moins un résumé suffisant pour qu'on puisse se rendre compte de leur physionomie et les comparer sans peine au résultat de notre travail personnel.

Il nous a paru, en effet, d'après les indications de M. le Professeur Oui, à qui nous sommes très reconnaissante de nous avoir proposé ce sujet de thèse et de nous avoir dirigée dans notre étude, qu'il

---

(1) M. le Dr Poisson, auteur du mémoire cité, était fils d'un médecin de la Manufacture de Nantes.
(2) Sauf de celle de Kostial, un peu ancienne déjà (1868).

y avait place dans l'état actuel de la question pour une enquête nouvelle, plus complète, sinon par la nature des investigations, au moins par le nombre des documents recueillis. Elle nous était d'ailleurs facilitée par la présence à Lille d'une Manufacture qui occupe beaucoup d'ouvrières : 690 (1). Elle nous a été rendue plus aisée encore par la complaisance aimable avec laquelle l'acccès des établissements nous a été permis par le Directeur, M. Parenty, qui, ainsi que l'Ingénieur, M. Vilfroid, nous a donné de précieuses indications sur le travail des ouvrières.

Nous leur adressons nos bien sincères et très vifs remerciements.

Pendant plusieurs mois, tous les jours de la semaine nous avons été à la Manufacture interroger nous-mêmes les ouvrières, nous avons pu ainsi colliger 273 observations relatives à toutes celles qui ont eu des enfants, mais à celles-là seulement et portant sur 836 grossesses, savoir :

    158 cigarières............................ 480 grossesses.
     73 paqueteuses......................... 199 —
     23 robeuses et capseuses................. 67 —
     19 époulardeuses, trieuses ; 2 receveuses. 90 —

De plus, nous avons fait porter nos recherches sur le lait, car il est à noter que jamais la présence de la nicotine dans le lait des cigarières, ainsi que le reconnaissent Drysdale et Thévenot, n'a été scientifiqement démontrée.

M. Gérard, professeur à la Faculté de médecine et de pharmacie de Lille, a bien voulu se charger d'analyser les quatre échantillons que nous avons prélevés. Nous le prions d'agréer l'expression de notre gratitude.

---

(1) 362 Cigarières ;
    165 Paqueteuses ;
     23 Écoteuses et époulardeuses ;
     27 Robeuses ;
      8 Étaleuses ;
     12 Capseuses ;
     12 Vérificatrices ;
      7 Receveuses :
    Puis des pointeuses, timbreuses, balayeuses, etc.

IV.

RÉSULTATS DE NOTRE ENQUÊTE

§ A. — Grossesses interrompues prématurément, et Morts-nés.

I. Cigarières.

158 ouvrières qui ont eu 482 grossesses, soit 3.03 par ouvrière (M. Piasecki avait trouvé 2,9).

42 d'entre elles ont eu 62 grossesses interrompues prématurément:

```
        31 en ont eu 1 = 31
         4    —      2 = 8
         5    —      3 = 15
         2    —      4 = 8
Totaux  42    —          62
```

Époque : 18 se sont produites à 1 mois et 1 mois 1/2
           15 — à 3 mois et 3 mois 1/2
            8 — à 4 mois
            2 — à 5 mois
            8 — à 6 mois
          11 — à 7 mois

Total 62

Causes : 49 sont dues à une cause inconnue
           7 sont dues à une chute
           1 est due à une émotion vive (?)
           5 sont dues à une maladie de la mère

Total 62

On relève en outre 8 morts-nés.

II. Paqueteuses.

73 ouvrières qui ont eu 199 grossesses soit 2,7 par ouvrière.

8 d'entre elles ont eu 12 grossesses interrompues prématurément :

```
            4 en ont eu 1 = 4
            4    —     2 = 8
   Totaux   8         12
```

Époque :   1   s'est produite à 2 mois 1/2
           4   se sont produites de 2 mois 1/2 à 3 mois 1/2
           1   —   à 4 mois 1/2
           1   —   à 6 mois
           3   —   à 7 mois ou 7 mois 1/2
           2   —   à 8 mois
   Total 12

Causes :   11 sont dues à une cause inconnue
            1 est due à une chute
   Total 12

On relève en outre 9 morts-nés.

III. Époulardeuses, Écôteuses, Trieuses.

19 ouvrières qui ont eu 90 grossesses, soit 4,7 par ouvrière.

7 d'entre elles ont eu 13 grossesses interrompues prématurément :

```
            4 en ont eu 1 = 4
            1    —     2 = 2
            1    —     3 = 3
            1    —     4 = 4
   Totaux   7         13
```

Époque :   4   se sont produites à 3 mois
           2   —   à 4 mois 1/2 et 5 mois
           2   —   à 6 mois
           4   —   à 7 mois
           1   —   à 8 mois
   Total 13

Causes :   10 sont dues à une cause inconnue
            2 sont dues à un effort
            1 est due à une émotion vive
   Total 13

On relève en outre 8 morts-nés.

IV. Robeuses Étaleuses, Capseuses.

23 ouvrières qui ont eu 67 grossesses, soit 2,9 par ouvrière.
5 d'entre elles ont eu 10 grossesses interrompues prématurément.

```
        2 en ont eu  1 = 2
        1    —       2 = 2
        2    —       3 = 6
Totaux  5                10
```

Époque : 5 se sont produites de 2 mois à 2 mois 1/2
            1   —   à 3 mois
            1   —   à 5 mois
            2   —   à 6 mois
            1   —   à 7 mois 1/2

   Total 10

Causes : Les 10 sont dues à une cause inconnue.

On relève en outre 3 morts-nés.

Les résultats qui précèdent sont résumés dans le tableau suivant :

CATÉGORIES D'OUVRIÈRES	NOMBRE	GROSSESSES	GROSSESSES interrompues prématurément	MORTS-NÉS	POURCENTAGE des grossesses interrompues prématurément	des morts-nés
Cigarières............	158	482	62	15	12,86	3,11
Paqueteuses	73	199	12	9	6,02	4,52
Époulardeuses	19	90	13	8	14,44	8,88
Robeuses.............	23	67	10	3	14,92	4,47
Pour l'ensemble de la Manufacture......	273	838	97	35	11,57	4,17

On peut confronter ces résultats avec ceux que donnent les travaux statistiques, pour la ville de Lille, du Bureau municipal d'hygiène.

Ils ne leur sont pas exactement comparables, à vrai dire — et cette remarque s'applique à tout le reste de notre travail — puisqu'ils se rapportent, pour une période indéterminée, à une même catégorie d'ouvrières, au lieu que les seconds se réfèrent à une catégorie pour une année.

Cependant les moyennes doivent s'établir dans les deux cas.

CATÉGORIES D'OUVRIÈRES	ANNÉES	GROSSESSES	GROSSESSES interrompues prématurément.	MORTS-NÉS	POURCENTAGE des grossesses interrompues prématurément.	des morts-nés.
Ouvrières à l'usine	1899	1.252	69	27	5,55 [1]	2,17
	1900	1.097	67	31	6,02	2,82
	1901	1.046	79	22	7,55	2,10
	1902	1.299	71	24	5,46	1,84
	1903	1.449	53	27	3,65	1,86
	1904	1.510	72	30	4,64	2,10
Ouvrières à l'atelier	1899	767	50	19	6,51	2,47
	1900	790	54	7	6,83	0,80
	1901	378	43	21	11,37	5,68
	1902	376	53	25	14,09	7,03
	1903	385	58	10	15,06	2,59
	1904	306	53	16	17,32	5,22

(1) Chiffres trop faibles au regard de la réalité, beaucoup de ces accidents n'étant pas déclarés.

MOYENNE DES QUATRE DERNIÈRES ANNÉES POUR LILLE.

CATÉGORIES D'OUVRIÈRES	GROSSESSES	GROSSESSES interrompues prématurément	MORTS-NÉS	POURCENTAGE des grossesses interrompues prématurément.	des morts-nés.
Ouvrières à l'usine	5.304	275	103	5,18	1,94
Ouvrières à l'atelier	1.445	207	72	14,32	4,97

§ B. — Mortalité des enfants.

RÉPARTITION D'APRÈS LA NATURE DES MALADIES

I. — Cigarières.

158 ouvrières ont eu 482 grossesses.

Si on retranche les 62 grossesses interrompues et les 15 morts-nés soit 77, il reste 405 naissances.

De ces 405 enfants 153 sont morts

Nous avons trouvé comme cause de la mort :

		de 0 à 1 an.	de 1 à 2 ans.	au-dessus.
1° Maladies des intestins..........	43 morts.	41	2	0
2° Affections des voies respiratoires. (Bronchite. — Broncho-pneumonie. — Coqueluche).	36 —	17	8	11
3° Affections du cerveau.......... (Méningite-Convulsions).	43 —	29	6	8
4° Fièvres éruptives............. (Rougeole et scarlatine, pas de variole.)	4 —	0	1	3
5° Maladies générales............ (Athrepsie et débilité congénitale).	20 —	16	3	1
6° Maladies infectieuses.......... (Croup).	5 —	1	2	2
7° Morts par accidents...........	1 —	1	»	1
	153 —	105	22	26

II. — Paqueteuses.

73 ouvrières ont eu 199 grossesses, si on retranche les 12 grossesses interrompues et les 9 morts nés, soit 21, il reste 178 naissances.

De ces 178 enfants 66 sont morts.

		de 0 à 1 an.	de 1 à 2 ans.	au-dessus.
1° Maladies d'intestins...........	25 morts.	23	2	»
2° Affections des voies respiratoires.	11 —	10	1	»
2° Affections du cerveau..........	23 —	15	4	4

4° Fièvres éruptives............	4	—	3	1	»
5° Maladies générales............	1	—	»	»	1
6° » infectieuses..........	1	—	1	»	»
7° Accidents....................	1	—	1	»	»
	66		53	8	5

III. — Epoulardeuses.

19 ouvrières ont eu 90 grossesses, si on retranche les 13 grossesses et les 8 morts nés, soit 21, il reste 69 naissances.
De ces 69 enfants 39 sont morts.

		de 0 à 1 an.	de 1 à 2 ans.	au-dessus.
1° Maladies d'intestins...........	11 morts.	6	1	4
2° Voies respiratoires............	11 —	3	1	7
3° Affections du cerveau.........	11 —	5	4	2
4° Fièvres éruptives............	2 —	»	1	1
5° Maladies générales............	3 —	1	1	1
6° » infectieuses..........	1 —	1	»	»
7° Accidents....................	» —	»	»	»
	39	16	8	15

IV. — Robeuses.

23 ouvrières ont eu 67 grossesses, si on retranche les 10 grossesses interrompues et les 3 morts nés, soit 13, il reste 54 naissances.
De ces 54 enfants 16 sont morts.

		de 0 à 1 an.	de 1 à 2 ans.	au-dessus.
1° Maladies d'intestins...........	2 morts.	1	1	»
2° Voies respiratoires............	5 —	»	1	4
3° Affections du cerveau.........	3 —	1	1	1
4° Fièvres éruptives............	» —	»	»	»
5° Maladies générales............	3 —	2	1	»
6° — infectieuses..........	3 —	»	1	2
7° Accidents....................	» —	»	»	»
	16	4	5	7

Ces constatations sont résumées dans les tableaux suivants où nous donnons le pourcentage *par rapport aux naissances*, en ne tenant compte que des deux premières années :

1° *Des décès par âge, quelle que soit la cause.*

a). OUVRIÈRES DES TABACS.

	NAIS-SANCES	DÉCÈS		POURCENTAGE DES DÉCÈS	
		de 0 à 1 an.	de 1 à 2 ans.	de 0 à 1 an	de 1 an à 2 ans
Cigarières	405	105	22	25,90	5,43
Paqueteuses......	178	53	8	29,21	4,49
Epoulardeuses ...	69	16	8	23,18	11,65
Robeuses	54	4	5	7,40	9,25
Ensemble de la Manufacture....	706	178	43	25,21	6,09
				31,30	
Statistique de Piasecki	364	159	31	43,68	8,51
				52.19	

b). POPULATION DE LILLE.

CATÉGORIES DE MÈRES	ANNÉES	NAISSANCES	DÉCÈS		POURCENTAGE DES DÉCÈS.	
			de 0 à 1 an.	de 1 an à 2 ans.	de 0 à 1 an	de 1 an à 2 ans
Ouvrières à l'usine..	1899	1.146	499		43,54	
	1900	999	376	»	37,63	»
	1901	945	362	»	38,31	»
	1902	1.204	329	»	27,32	»
	1903	1.369	346	»	25,34	»
	1904	1.408	318	»	22,58	»
Ouvrières à l'atelier.	1899	698	179		25,64	
	1900	729	115	»	15,77	»
	1901	314	86	»	27,38	»
	1902	298	62	»	20,80	»
	1903	317	64	»	20,18	»
	1904	237	51	»	21,51	»
Ouvrières à domicile.	1899	3.162	1160		36,67	
	1900	3.131	923	»	29,47	»
	1901	3.542	882	»	24,90	»
	1902	3.109	837	»	26,92	»
	1903	2.907	743	»	25,55	»
	1904	2.654	662	»	23,19	»
Ensemble de la population............	1899	5.906	1889		32,05	
	1900	5.790	1.462	269	25,25	4,64
	1901	5.856	1.390	258	23,73	4,40
	1902	5.421	1.307	370	24,10	6,82
	1903	5.348	1.263	258	23,63	4,82
	1904	5.068	1.468	214	23,46	4,22

MOYENNE DES QUATRE DERNIÈRES ANNÉES POUR LILLE

CATÉGORIES DE MÈRES	NAISSANCES	DÉCÈS		POURCENTAGE DES DÉCÈS	
		de 0 à 1 an.	de 1 an à 2 ans.	de 0 à 1 an.	de 1 an à 2 ans.
Ouvrières à l'usine........	4.926	1.355	»	27,50	»
Ouvrières a l'atelier........	1.166	263	»	22,55	»
Ouvrières à domicile.......	12.212	3.124	»	25,58	»
Ensemble de la population..	21.693	5.129	1.100	23,64	5,06

2º *Des décès par cause de maladie et par âge.*

CAUSES DES DÉCÈS		NAISSANCES	POURCENTAGE DES DÉCÈS	
			de 0 à 1 an.	de 1 an à 2 ans
Maladie des intestins...	Manufacture............	706	10,05	0,84
	Statistique de Piasecki...	376	22,60	3,98
	Statistique de Lille (1)...	5.068	14,42	0,94
Affections des voies respiratoires............	Manufacture............	»	4,20	1,55
	Statistique de Piasecki...	»	2,12	1,06
	Statistique de Lille......	»	2,46	1,48
Affections du cerveau...	Manufacture............	»	7,08	2,12
	Statistique de Piasecki...	»	11,96	1,86
	Statistique de Lille......	»	2,50	0,92
Fièvres éruptives.......	Manufacture............	»	0,42	0,42
	Statistique de Piasecki...	»	1,59	0,53
	Statistique de Lille......	»	0,19	0,38
Maladies générales.....	Manufacture............	»	2,69	0,70
	Statistique de Piasecki...	»	3,19	»
	Statistique de Lille......	»	3,31	0,21
Maladies infectieuses...	Manufacture............	»	0,42	0,42
	Statistique de Piasecki...	»	0,79	0,79
	Statistique de Lille......	»	0,29	0,19
Accidents.............	Manufacture............	»	0,28	»
	Statistique de Piasecki...	»	0,53	»
	Statistique de Lille......	»	0,25	0,05

(1) Quelle que soit la profession de la mère les travaux du bureau municipal d'hygiène ne permettent pas de détailler davantage) et pour l'année 1904.

§ C. — Influence des divers modes d'allaitement sur la santé des nourrissons.

Dans cette étude, nous n'avons pas cru qu'il y ait lieu de distinguer les diverses catégories d'ouvrières qui, au point de vue de l'influence que peut avoir le tabac sur le lait se trouvent dans des conditions, sinon absolument, au moins à peu près identiques. Toutes respirent des vapeurs et des poussières. Au lieu que pour la grossesse, la nature même du travail nous a paru devoir être un élément de différenciation.

	Nombre d'enfants (naissances)	DÉCÈS		POURCENTAGE par rapport au nombre d'enfants, des décès.	
		0 à 1 an	1 an à 2 ans.	de 0 à 1 an	de 1 an à 2 ans
1°. — *Enfants nourris au sein, la mère ne rentrant pas à la manufacture.*					
Résultat de notre enquête...	49	19	3	38,77	6,12
Statistique d'Étienne.......	2	0	0	0	0
2°. — *Enfants nourris au sein, la mère étant à la manufacture.*					
Résultat de notre enquête...	9	1	0	11,11	0
Statistique d'Étienne.......	8	8		100	
3°. — *Enfants nourris au sein, la mère restant chez elle de 15 jours à 6 mois, puis au sein et au biberon après le retour de la mère à la manufacture.*					
Résultat de notre enquête...	294	46	19	15,64	6,46
Statistique d'Étienne.......	4	3		75	

	Nombre d'enfants (naissances)	DÉCÈS		POURCENTAGE par rapport au nombre d'enfants, des décès	
		0 à 1 an	1 an à 2 ans.	de 0 à 1 an	de 1 an à 2 ans
4°. — Enfants nourris au sein, la mère restant chez elle de 15 jours à 2 mois, puis au biberon après la rentrée de la mère à la manufacture.					
Résultat de notre enquête...	31	3	1	9,67	3,22
Statistique d'Étienne........	9	2	0	22,22	0
5°. — Enfants nourris au sein, la mère restant chez elle de 15 jours à deux mois, puis au sein de 15 jours à 6 mois après la rentrée, puis au biberon.					
Résultat de notre enquête...	65	16	3	24,61	4,30
Statistique d'Étienne........	34	6		17,64	
6°. — Enfants nourris au biberon dans leur famille ou chez des soigneuses.					
Résultat de notre enquête...	258	92	18	35,65	6,97
Statistique d'Étienne........	18	7		38,88	

§ D. — Analyses du lait.

EXAMEN DES ENFANTS NOURRIS AVEC LES LAITS ANALYSÉS.

M. Gérard a analysé quatre échantillons de lait prélevé par nous sur les ouvrières.

Et voici ce qu'il a trouvé :

	N° 1	N° 2	N° 3	N° 4
Volume............	35 cm³	28 cm³	24 cm³	35 cm³
Densité............	1032,1	1032,2	7033,7	1032,2
Beurre.............	28gr,60 par lit.	26 gr.	29 gr. 50	10 gr. 50
Lactose............	68,18	60,12	67,40	72 gr. 90
Caséine............	14,50	10,60	14,10	14,50
Cendres...........	2,20	1,90	2,30	1,20
Extrait sec.........	1119	105,10	123,20	103,30

On voit que ces laits sont généralement peu riches en matières grasses, en particulier le lait N° 4 très pauvre en beurre.

Malgré des recherches très minutieuses, on n'a pas trouvé trace de nicotine dans ces différents laits.

Nous ne pouvons donc conclure avec Kostial et Etienne à la nicotinisation du lait.

Nous avons examiné les enfants nourris par ces quatre ouvrières. La reproduction détaillée de notre examen ne présenterait aucune espèce d'intérêt. Les cinq enfants sont bien constitués, sans aucun signe de débilité congénitale.

Leurs poids sont normaux :

N° 1....... 3 mois 1/2............ 6 k. 500.
N° 2....... 3 mois 1/2............ 6 k. 750.
N° 3....... 4 mois 1/2............ 7 k. 100.
N° 4....... 3 mois .... 5 k. 100.

Notre historique reproduit les affirmations de plusieurs médecins disant que les enfants des « tabatières » ont en naissant les fesses rouges, qu'ils ont des selles couleur vert-de-gris, le teint terreux. Nous n'avons rien constaté et les parents interrogés ne nous ont rien signalé de ce genre ; au contraire, les trois selles que nous avons vues étaient très belles.

CONCLUSIONS.

En examinant les statistiques que nous avons dressées et en entrant au besoin dans le détail des observations que nous avons recueillies, on voit que :

I. La moyenne des grossesses interrompues chez les ouvrières de la manufacture, et quelle que soit la catégorie à laquelle elles appartiennent, est moins élevée que chez la généralité des ouvrières à l'atelier de Lille pour les années 1902-1903-1904 (1), surtout si l'on tient compte de ce que beaucoup de ces accidents ne sont pas déclarés.

Il en est de même de la moyenne des morts-nés établie pour l'ensemble de la manufacture. Cette dernière moyenne est plus élevée pour les épouleuses que pour les ouvrières à l'atelier : mais à cette catégorie ne se rattache qu'un nombre restreint d'observations : 19, ce qui rend plus sujet à caution le chiffre trouvé. De plus, une seule épouleuse a eu 4 enfants morts-nés par suite d'étroitesse du bassin. Si l'on retranche ce cas, il ne reste plus que 4 morts-nés pour 89 grossesses, soit 4,49 %, chiffre presque égal à ceux trouvés pour les paqueteuses, 4,52 % et les robeuses, 4,49 %.

Remarquons en passant que le pourcentage des grossesses interrompues est beaucoup moins élevé pour les paqueteuses qui travaillent debout que pour les autres ouvrières qui, la plupart du temps, sont assises.

Donc, sur l'évolution de la grossesse, le travail des ouvriers de la manufacture ne paraît exercer aucune mauvaise influence.

---

(1) En ce qui concerne les années 1899, 1900, si l'on trouve des chiffres très différents, cela doit tenir à des différences dans le mode de classification. On constate en effet qu'à partir de 1900 le nombre de couturières à l'atelier a considérablement diminué et que celui des couturières à domicile a augmenté de la même quantité.

— C'est à la même conclusion que sont arrivés Etienne, Ygonin, Lebail, Poisson, Piasecki, Joire et Audigé — tandis que Delaunay, Decaisne, Goyard, Quinquand, Jacquemart et Livon ont affirmé le contraire.

Nous avons déjà eu l'occasion de remarquer que pour ces derniers les observations sont peu nombreuses et sujettes à caution. Une des sages-femmes interrogée par Delaunay cite le cas de trois femmes faisant des fausses couches à la Manufacture et ayant eu, au contraire, des grossesses normales après l'avoir quittée. A cela, nous pouvons opposer une observation personnelle: une femme ayant eu successivement 4 fausses couches à la Manufacture est devenue enceinte. Nous lui avons conseillé le repos en dehors des heures du travail — elle était d'ailleurs prête à le cesser à la moindre alerte — et des mesures hygiéniques.

Elle quitta la Manufacture 15 jours avant le terme et eut en novembre dernier un très bon accouchement. L'enfant est superbe.

II. Le pourcentage des décès de 0 à 1 an chez les enfants des « tabatières » est compris entre ceux des décès : 1° chez les ouvrières à l'usine et 2° chez les ouvrières à l'atelier.

De 1 à 2 ans, la comparaison ne peut se faire au moyen des documents publiés pour la ville de Lille qu'avec l'ensemble de la population. Elle est par conséquent moins instructive. La mortalité est plus grande chez les ouvrières des manufactures.

Dans la différenciation des décès d'après leur cause, on est encore obligé de comparer à l'ensemble de la population. Le rapprochement de notre statistique et de celle de Piasecki ne fait pas apparaître de chiffres concordants, mais comme le disait fort bien le médecin de la Manufacture du Havre, un travail comme celui que nous avons entrepris, s'il ne porte que sur une Manufacture ne peut être considéré, si consciencieux qu'il soit, que comme la partie d'un tout qui comprendrait l'étude de tous les établissements analogues.

Un résultat très net de notre étude, d'autant plus à retenir qu'il a été obtenu aussi par Piasecki est de mettre en relief, la grande importance comme cause des décès infantiles chez les ouvrières des *maladies du cerveau*.

On pourrait se demander si cela est bien conforme à la réalité, car beaucoup de femmes du peuple sont disposées à appeler méningite ou convulsions des maladies toutes différentes. Nous devons dire à ce propos que nos interrogations ont été particulièrement pressantes toutes les fois que l'on nous a signalé comme cause de décès une maladie cérébrale, et que nous avons éliminé tous les cas douteux.

Donc, la mortalité infantile de 0 à 1 an est moins élevée chez les ouvrières de la Manufacture que chez les ouvrières à l'usine, plus élevée que chez les ouvrières à l'atelier. De 1 à 2 ans, elle est plus élevée que chez l'ensemble de la population. Une cause de décès joue un rôle particulier : les maladies du cerveau. Sur 178 décès de 0 à 1 an : 60, soit 28.09 %; sur 43 décès de 1 à 2 ans : 15, soit 34,88 % lui sont dus (1).

III. En ce qui concerne l'influence du mode d'allaitement sur la mortalité des nourrissons, nous obtenons des résultats d'une discordance criante avec ceux trouvés par Etienne.

Tandis que, selon lui, l'allaitement au sein, la mère restant à la manufacture, doit être rigoureusement proscrit, entraînant 8 décès sur 8 enfants, nous trouvons, au contraire, que c'est un des modes d'alimentation les plus favorables, comme on le voit par le tableau suivant :

---

(1) Des 50 premiers 6 ont été nourris au sein la mère ne rentrant pas à la Manufacture,
17 ont été nourris au sein la mère restant chez elle de 15 jours à 2 mois, puis au sein et au biberon après la rentrée,
1 a été nourri au sein avant la rentrée, au biberon après,
5 ont été nourris au sein avant la rentrée, au sein après puis au biberon.
27 ont été nourris au sein exclusivement,
Des 15 seconds 3 ont été nourris au sein la mère ne rentrant pas à la Manufacture,
9 ont été nourris au sein avant la rentrée, au sein et au biberon après la rentrée,
3 ont été nourris au biberon exclusivement.

POURCENTAGES PAR RAPPORT AUX NAISSANCES

1° des décès de 0 a 1 an.

Enfants nourris au sein la mère restant chez elle de 15 jours à deux mois, puis au biberon après la rentrée de la mère... 9.67

Enfants nourris au sein la mère étant à la Manufacture.. 11.11

Enfants nourris au sein, la mère restant chez elle de 15 jours à 2 mois, puis au sein et au biberon après la rentrée de la mère à la Manufacture........................ 15.64

Enfants nourris au sein la mère restant chez elle de 15 jours à 2 mois, au sein de 15 jours à 6 mois après la rentrée, puis au biberon.................................... 24.61

Enfants nourris au biberon dans leur famille ou chez des soigneuses.. 35.65

Enfants nourris au sein, la mère ne rentrant pas à la Manufacture.. 38.77

2° des décès de 1 an à 2 ans.

Enfants nourris au sein la mère étant à la Manufacture.. 0

Enfants nourris au sein la mère restant chez elle de 15 jours à deux mois, puis au biberon après la rentrée de la mère.. 3.22

Enfants nourris au sein la mère restant chez elle de 15 jours à 2 mois au sein, de 15 jours à 6 mois après la rentrée, puis au biberon.................................... 4.30

Enfants nourris au sein la mère ne rentrant pas à la Manufacture.. 6.12

Enfants nourris au sein la mère restant chez elle de 15 jours à 2 mois, puis au sein et au biberon après le rentrée de la mère à la Manufacture.............................. 6.46

Enfants nourris au biberon dans leur famille ou chez des soigneuses.. 6.97

Mais il est à remarquer qu'Étienne aussi bien que nous, et cela n'a rien d'étonnant, nous avons très peu d'observations se référant à ce cas. Aussi à notre avis ne peut-on tirer de là aucune conclusion certaine.

Les cas les plus fréquents, et de beaucoup, sont ceux :

1°) D'enfants nourris au sein, la mère restant chez elle quelque temps, puis au sein et au biberon après sa rentrée et ;

2°) D'enfants nourris au biberon dans leur famille ou chez des soigneuses.

A l'encontre de ce qu'a trouvé Etienne, nous constatons que le second est beaucoup moins favorable que le premier et ici nos observations nous paraissent dignes d'être retenues puisqu'elles portent respectivement sur 294 et 258 enfants. Il ressort donc de notre travail que pour les enfants des « tabatières » comme pour les autres, le sein est préférable au biberon.

Un chiffre qui peut paraître paradoxal est le pourcentage des décès chez les enfants nourris au sein, la mère ne rentrant pas à la manufacture. C'est le plus élevé, contrairement à ce qui semblerait devoir se passer, surtout si le tabac avait une influence sur le lait. Ce fait trouve peut-être une explication en ce que la mère étant chez elle nourrit moins régulièrement que celle qui reste à son travail et ne sort qu'à des heures régulières. Du reste, nous n'avions que 49 observations.

Donc, il ressort clairement de notre enquête que le tabac ne paraît avoir aucune influence sur le lait des ouvrières.

IV. D'ailleurs, c'est à cela également qu'aboutissent les analyses auxquelles M. Gérard a procédé.

En résumé, d'après notre étude, le tabac, d'une part, ne contrarie pas l'évolution de la grossesse, d'autre part, ne réagit pas sur le lait.

Cependant on constate chez les enfants des ouvrières de la Manufacture une mortalité assez élevée, due en grande partie aux affections cérébrales, qui sévit en particulier sur les enfants élevés au biberon. Il ne semble pas que le tabac doive en être rendu responsable ; il y a lieu plutôt d'incriminer les mauvaises conditions dans lesquelles se trouvent au point de vue de l'hygiène, les enfants de femmes surmenées qui, après avoir engendré, doivent travailler d'abord, être mères ensuite.

L'allaitement au sein est encore celui qui donne les meilleurs résultats. Il est malheureusement incompatible, en général, avec le travail des ouvrières. Aussi, serait-il vivement à désirer que l'on pût généraliser, à côté des ateliers, l'installation de crèches où, sans compromettre leur gagne-pain, les cigarières viendraient allaiter leurs enfants.

BIBLIOGRAPHIE.

Annales d'hygiène. — Passim.

BOUDET. — Thèse de 1843.

DELAUNAY-DECAISNE-THEVENOT. — *Société de Médecine publique*, 24 décembre 1879 et 25 février 1880.

ÉTIENNE. — La mortalité infantile dans les familles des ouvrières à la Manufacture des Tabacs de Nancy, *Annales d'hygiène et de médecine légale-1897*.

JACQUEMART. — Du nicotisme professionnel. Congrès international de Turin 1880 et *Gazette médicale de l'Algérie 1880*.

JAUCENT. — Thèse de 1900. Le tabac. Étude historique et pathologique.

KOSTIAL. — Les ouvrières de la fabrique de cigares d'Iglau (*Wochenblatt du KK Gesellschafft der Aerzte in Wien 1868*).

MÉLIER. — Rapport sur la santé des ouvriers employés dans les Manufactures de Tabac lu à l'Académie royale de Médecine dans sa séance dn 24 avril 1845.

Office du Travail. — Poisons industriels. — *Imprimerie Nationale, 1901.*

PIASECKI. — Influence du tabac : 1° sur la menstruation ; 2° sur la grossesse ; 3° sur la santé des nouveau-nés. *Revue d'hygiène et de police sanitaire, 1881.*

POINCARÉ. — Hygiène industrielle.

Revue d'hygiène. — Passim.

Revue d'hygiène. — 1880. Communication de MM. les Drs Decaisne et Delaunay.

RUEF. — De l'influence de la fabrication du tabac sur la santé des ouvriers (*Gazette médicale de Strasbourg, 1845*).

YGONIN. — Quelques mots sur l'usage du tabac et l'influence de sa fabrication sur les fonctions physiologiques de l'utérus (*Lyon médical, 1880*).

Lille, Imp. L. Danel.

www.ingramcontent.com/pod-product-compliance
Lightning Source LLC
LaVergne TN
LVHW020053090426
835510LV00040B/1684